# NOUVELLE DESCRIPTION DES GROTTES D'ARCI,
# EN BOURGOGNE,

*Par M. M\*\*\* de la Société Royale de Lyon.*

M. DCC. LII.

# NOUVELLE DESCRIPTION
### DES GROTTES D'ARCI,
### EN BOURGOGNE.

Es endroits les plus cachés sont ceux que la Nature choisit préférablement pour ses opérations : les métaux, les diamans, les pierres, & autres productions, que l'on appelle précieuses par excellence, en un mot les choses que nous estimons le plus, ont pour matrice le sein même de la terre. Elles s'y trouvent cachées presque dans son centre, & environnées de Rocs, qui les défendent de notre avidité. les Cavernes, qui par leur profondeur & leur obscurité, semblent être à l'abri de nos recherches, renferment ordinairement quelques singularités, qui, si elles ne sont point propres à servir nos besoins, ou notre luxe, n'excitent que d'avantage notre admiration.

C'est de ce genre qu'est la grotte d'*Arci*, qui offre à la vûe les décorations les plus variées, & dont la Nature se plaît à changer dans tous les instans, l'ordonnance & les proportions. Ce qui fait que les descriptions que l'on pourroit donner de cette Grotte, différeroient toujours en plusieurs points; & qu'aujourd'hui les tableaux qui en ont été tracés, ne sont plus ressemblans*, soit parce que les Congellations qui rendent cette Grotte remarquable, changent tous les jours de forme & de figure, à mesure qu'elles disparoissent ou qu'elles prennent accroissement, soit parce que les uns ou les autres peuvent les avoir considerés sous différens points de vue.

Ce seroit donc travailler inutilement, que de suivre le plan qui a déja été suivi, dans la description de cette Grotte * & de s'attacher à peindre des ouvrages, qui ne sont, pour ainsi dire, que des traits de desseins, qui ne sont pas finis, & auxquels la Nature retouche à chaque instant. A l'imitation des bons Peintres,

* M. Perault origine des Fontaines p. 273.

qui ne peignent point tout, & qui laiſ-
ſent un champ libre à l'imagination, je n'en-
trerai point dans des détails qui ne don-
nent aucune idée, aimant mieux en laiſ-
ſer imaginer plus que je n'en dirai ; je
me diſpenſerai auſſi de marquer les di-
menſions des Salles qui compoſent cette Caverne ; ce ſeroit ſurcharger un Ta-
bleau intéreſſant par lui même, d'un
détail, d'autant plus inutile, qu'il a été
donné ailleurs, & que le Lecteur curieux
peut y avoir recours. *

Les Grottes d'*Arci*, ſont ainſi nom-
mées à cauſe du voiſinage d'*Arci*, villa-
ge aſſez conſidérable dont elles dépen-
dent, près de *Mailli la ville*, à deux
petites lieues de *Vermanton*, & à quatre
d'*Auxerre*, en *Bourgogne*.

Le pays d'*Arci*, eſt un pays de Rochers, qui font en quelques endroits des
échos conſidérables ; c'eſt dans une de ces
Montagnes qu'eſt creuſée la Grotte que
je vais décrire, & qui commence, où la
petite riviére de *Cure*, de *Core* ou de
*Chures*, forme un demi cercle, au deſ-
ſous d'*Arci*.

* M. *Clugni* Lieutenant Général du Baillage
de Dijon dans les Mémoires de Littérature re-
cueillis par le P. des Molets de l'Oratoire,
2 Vol.

Cette Montagne dépend d'une longue chaîne de Rochers escarpés, qui bordent la Côte, en ce lieu, en remontant la rivière, qu'il faut passer au Gay, appellé Gay des *Entonnoirs*.

L'entrée de la Caverne, est absolument cachée par des broussailles. Lorsqu'on les a traversées, on trouve une petite Salle, dans laquelle on est obligé de se baisser, pendant quelque tems, & qui mène à une porte quarrée qui n'a pas plus de quatre pieds de haut & de large, & qui est fermée à clef.

Cette porte ouverte, on gagne une descente, très-mauvaise, semée de quartiers de pierres fort gros qui s'élèvent sous la voute, & obligent de se courber, de nouveau, jusqu'à ce qu'on trouve deux ouvertures, qui conduisent dans deux routes qui se rejoignent dans le fond de la Caverne, dont la longueur est d'environ 30 ou 40 toises.

La température de l'air y est fort douce; quelque tems qu'on y reste on ne s'en trouve point incommodé, & elle paroît la même que dans la Grotte de la *Balme* en *Dauphiné*, qui n'est pas tout-à-fait d'un degré au dessous de celle des caves de l'Observatoire de Paris.

Ces deux rues sont d'une largeur différente dans leur étendue ; ce qui joint à ce que le plancher est plus exhaussé ou plus bas dans certains endroits, compose plusieurs Salles séparées dont quelques unes ont jusqu'à 10 toises de large, & quelques autres, 20, 25, ou même 30 pieds de haut.

Si l'œil est étonné de la grandeur de quelques unes de ces Salles, & de la hardiesse de leur voûte, on est en même tems frappé par un certain air de magnificence, que répandent les Congellations de toutes sortes de formes, qui (si je puis m'exprimer ainsi,) y végétent de tout côté.

Les unes sont à terre & représentent des bornes, des pierres, des pilastres, des aiguilles à demi travaillées, & roulées çà & là. Quantité de Colonnes posées toutes droites comme sur des pieds d'estal paroissent soutenir les Salles où elles se trouvent, entremêlées d'Obelisques & d'espéces de Consoles, dont la surface inégale & raboteuse forme comme des Hyerogliphes mystérieux; il y a de ces Colonnes, qui ont plus de quinze pouces de diamétre, & 15 ou 20 pieds de hauteur; d'autres servent d'ornement à la voûte d'où elles descendent en bas ; les unes plus, les autres

A iv

moins, avec une diverfité admirable: il y en a qui viennent jufqu'à terre, où fe joignant enfemble, elles font dans le milieu du chemin des Maffifs de toute forte de figure, & des Grouppes dont les enfoncemens & les rehauffemens forment des Perfpectives bizarres.

Dans quelques endroits de la Grotte, il fe trouve des avances, des angles & des enfoncemens, qui conjointement avec la voûte qui s'abaiffe fur les côtés, forment des petits Cabinets où l'on trouve une profufion étonnante de ces fortes d'ouvrages. Il femble que ces creux ayent été pratiqués pour être comme des Attelliers, ou des Magazins dans lefquels on auroit ramaffé divers échantillons de toute efpéce, dont les uns font renverfés, d'autres droits, & qui font enfermés par un rang de petits Piliers & de petites Pyramides de la même nature, qui terminent l'enceinte de ces fortes de Bofquets dont quelques uns font fi remplis, qu'on ne peut y pénétrer.

Cette multitude de Congellations, différemment placées & figurées, ne contribuent pas moins que la différence des dimenfions de ces Salles, la figure & l'inégalité des voûtes, à produire les

Echos admirables qu'on remarque dans cette Grotte, en reflêchissant les ondulations de l'air, & les réunissant dans des Foyers, d'où elles sont ensuite renvoyées dans d'autres.

On sçait que les Echos se rencontrent presque toujours dans les Bâtimens, dont les murs forment des angles aigus, & dans les Palais où il y a des Colonnes, ou d'autres semblables ornemens d'Architecture, qui sont les plus propres à réflêchir les ondulations de l'air, & à les réunir dans un Foyer. Ces Echos se trouvent même augmentés par la structure de ces piliers de Congellation, dont la plûpart sont creux intérieurement, ce qui rend les sons plus clairs. Ne se-feroit ce pas quelque Caverne de cette sorte, qui auroit donné l'idée de ce qui, selon Vitruve, se pratiquoit en divers endroits de la Grece & de l'Italie, où on rangeoit avec art sous les dégrés du Théatre, dans des espaces voûtés, des vases d'Airain afin de rendre plus clair, le son de la voix des Acteurs, & faire une espéce d'Echo.

Les murailles de la Grotte sont aussi ornées de Congellations; celles-ci, sont différentes, il sembleroit que ce seroit des Linges, ou des piéces de Draps qu'on auroit étendu sur le mur pour sécher, elles sont comme plissées, & attachées négligemment à plusieurs rang les unes auprès des autres.

Toutes ces Congellations sont plus ou moins blanches, il y en a qui le disputent au Marbre pour l'éclat ; d'autres sont très-brillantes, & on les prendroit pour du Cristal de Roche, surtout si on vient à les casser ; (j'oserois presque assurer, que c'est la même matiére de l'Albastre) on ne voit aucune de ces Congellations, qui soient de couleur rouge, comme l'a avancée, M. *Perrault*, & qui avoient fait appeler la Salle où elles se trouvoient la *Boucherie*.

Parmi toutes ces productions qu'on rencontre à chaque pas dans cette Grotte, il y en a qu'on fait remarquer par dessus toutes les autres. De ce nombre est l'assemblage de cinq gros Piliers de huit à dix pouces de diamétre, & de 5 à 6 pieds de haut, arangés l'un près de l'autre, & qui représentent une petite Forteresse. Ces espéces de Tourelles qui sont creuses en dedans, étant frappées avec un bâton, rendent pendant longtems des sons fort clairs, ce qui les a fait appeler les Orgues.

Dans le Duché de Brunfwick, en Allemagne, il y a une Caverne pareille dans laquelle il y a de femblables Pyramides, qui frappées avec un bâton rendent un fon éclatant comme l'Airain. *

Il y a encore un Groupe confidérable, qu'on fait remarquer aux Curieux, mais qui n'eft pas fi fingulier qu'on pourroit l'imaginer d'après la defcription de M. Perrault: c'eft une portion de Colomne attachée à la voûte, & qui à quelque diftance de terre s'eft élargie, en formant une maffe concave, & inégale du côté du fol, & convexe du côté du plancher de la Grotte. Cette Congellation eft appellée la *Coquille*.

La Salle du Bal n'eft point non plus quelque chofe de fi merveilleux, c'eft un endroit féparé de la piéce voifine par une garniture de Congellations qui pendent du fommet de la voûte en maniére de franges ou de feftons. Dans le refte de cette Salle on trouve peu de Congellations, mais la voûte qui eft platte, & d'une pierre jaunâtre, fort mince, eft enduite d'une matiére terreufe graffe, brune & très-fine, que l'humidité, qui tranf-

* Obfervations curieufes fur toutes les Parties de la Phyfique ; article de quelques Fontaines extraordinaires, p. 147.

pire de la pierre, délaye & fillonne en maniére de petits deffeins, affez femblables aux traces que font les vers fur du bois.

Cet Ouvrage qui s'efface aifément, étant produit par l'humidité & n'ayant aucune confiftance, l'étendue de cette Salle qui peut avoir trente pas de largeur fur quinze pieds de hauteur, lui avoient fait donner le nom de *Salle du Bal*, par M. le Prince de Condé, lorfqu'il vît cette Grotte, d'où on la nomme auffi la *Salle du Prince*.

Enfin il y a une de ces chambres, qu'on pourroit très-bien appeller la *Salle des Chauve-Souris*, attendu qu'elle fert de retraite à un effain innombrable de ces Animaux qui fe font établis dans cette Caverne, & qu'elles femblent fe plaire d'avantage dans cette piéce, que dans toutes les autres, où l'on n'en voit pas ; même dans celles qui font voifines, non plus que dans l'autre allée de la Grotte. Elles font toutes ramaffées en un pelotton qui forme au haut de la voute comme une nuée noire & épaiffe, qu'on croiroit être prête à tomber, étant comme fufpendue en l'air, à douze ou quinze pieds du Sol de la Grotte, qui en cet endroit eft recouvert d'un monceau prodigieux de leurs ordures.

Dans les deux Rues, on trouve aussi à différentes distances, des amas d'eau, de la même nature que celle qui distille dans tous les coins de la Grotte, c'est-à-dire très-pure, très-claire, très-fraîche, & bonne à boire, n'ayant absolument aucun goût, ni aucune odeur.

Environ à vingt toises de l'entrée, en avançant sur la droite, on en fait remarquer un, qu'on nomme l'*Etang*; il peut avoir cinq toises de large, sur quinze ou vingt de longueur, & commence au milieu de la Grotte en s'étendant sur le côté, jusqu'au pied de la voûte, qui, en cet endroit, vient s'abaisser en ceintre, & former la muraille.

Dans presque tous les endroits détournés & enfoncés de la Caverne, on rencontre de ces Mares ou Etangs, qui sont très-considérables, & où il y a toujours beaucoup d'eau. Il y en a plusieurs qui sont bien plus étendus que celui que les gens du Pays font remarquer, entr'autre un qu'on nomme le *Lavoir*, par rapport à des pierres qui font une digue aux eaux contenues dans ce bassin; lesquelles sont longues, plattes, couchées en long, & un peu inclinées, comme dans les Reservoirs d'eau, destinés à laver du linge. De maniére qu'à voir la façon dont ces pierres sont rangées sur le bord de cet Etang, il semble que quelqu'un s'est fait un plaisir de vouloir surprendre l'imagination, & faire croire que cet endroit a été fréquenté, au point que dans les premiers momens, qu'on ne songe pas à l'éloignement du lieu où l'on est, on seroit presque disposé à chercher les traces des lavandiéres qui ont travaillées dans ce lavoir.

L'extrêmité de la Grotte qui est l'endroit de Réunion des deux Rues qui la composent, est une Salle fort spatieuse, & fort élévée, ornée d'une espéce de Parquet en Coquilles, larges chacune d'environ un pied & demi, qui dans les tems pluvieux, où il y a beaucoup d'eau dans toute la Caverne, forment des Nappes & des Cascades, dont le coup d'œil doit plaire infiniment.

Cet Ouvrage, qui est le même que celui des Cascades de la Grotte de la *Balme*, & réssemblant, à celui que l'on nomme en Architecture, *Ouvrage Vermiculé*. n'est pas si bien conservé que dans cette derniére; la plus grande partie des Bassins est presqu'entiérement usée, & à fleur de terre; le petit nombre de ceux qui ne sont point endommagés, est recouvert du Limon de la Grotte, & le tout ne forme plus qu'un compartiment de Parterre, qui n'a plus rien d'agréable que ses enroulemens.

Dans différens endroits de la Grotte, on trouve quelques Bassins de cette espece, dispersés de côté & d'autre, ordinairement détachés, & seul-à-seul, dans lesquels on rencontre, comme à ceux de la *Balme*, en *Dauphiné*, des pierres de différentes figures, inégales, brunes, & qui ressemblent aux dragées qu'on nomme Pralines, d'où on les appelle effectivement *Pralines*. *

On trouve aussi dans ceux de ces Bassins qui sont à sec, une croute, d'un blanc éblouissant, cassante & fort mince, qui est le produit de l'eau, qui a séjournée dans les Coquilles, & qui s'est évaporée jusqu'à siccité.

Ce détail doit suffire pour faire connoître les Grottes d'Arcy, je me contenterai d'observer, en finissant, qu'el-

* On peut voir la Description détaillée de cette Caverne, faite par l'Auteur de cette Dissertation, & inserée dans le second Volume des Mémoires de Mathématiques & de Physique, lus & présentés à l'Académie Royale des Sciences, par divers Sçavans.

les font, sans contredit, les plus abondantes en Congellations & des plus riches de celles que l'on connoît en ce genre ? & que ses Congellations, pourront un jour rendre cette Grotte ou cette Montagne fort renommées ; lorsque le vuide en sera rempli par ces mêmes pierres, que je soupçonne être d'Albastre.

*P. S.* Cette Description vient d'être inférée dans un espece de Journal, qui paroît depuis quelques tems, sous le titre d'*Observations sur l'Histoire Naturelle, sur la Physique & sur la Peinture. Tome 1. troisieme Partie* ; mais elle est tellement défigurée, par les changemens que l'Editeur a pris sur lui d'y faire, que l'Auteur se croit obligé de la donner en particulier telle qu'elle doit être, & de désavouer la premiere.